El tronco

Escrito por Tanya Simms   Ilustrado por Bob Barner
Adaptado por Patricia Almada

CelebrationPress
An Imprint of ScottForesman
A Division of HarperCollinsPublishers

Llegó una tortuga
y se sentó en el tronco.

Luego llegaron dos ranas
y se sentaron en el tronco.

Luego llegaron tres pájaros y se sentaron en el tronco.

Luego llegaron cuatro mariposas y se sentaron en el tronco.

Luego llegaron cinco mariquitas y se sentaron en el tronco.

Luego llegó una mosca...